55 Soluciones Con Jugos Para Acelerar la Producción de Leche Materna

Ponga a su Cuerpo En Acción Usando Ingredientes de la Naturaleza

Por

Joe Correa CSN

DERECHOS DE AUTOR

© 2019 Live Stronger Faster Inc.

Todos los derechos reservados

La reproducción o traducción de cualquier parte de este trabajo, más allá de lo permitido por la sección 107 o 108 del Acta de Derechos de Autor de los Estados Unidos, sin permiso del dueño de los derechos es ilegal.

Esta publicación está diseñada para proveer información precisa y autoritaria respecto al tema en cuestión. Es vendido con el entendimiento de que ni el autor ni el editor están envueltos en brindar consejo médico. Si éste fuese necesario, consultar con un doctor. Este libro es considerado una guía y no debería ser utilizado en ninguna forma perjudicial para su salud. Consulte con un médico antes de iniciar este plan nutricional para asegurarse que sea correcto para usted.

RECONOCIMIENTOS

Este libro está dedicado a mis amigos y familiares que han tenido una leve o grave enfermedad, para que puedan encontrar una solución y hacer los cambios necesarios en su vida.

55 Soluciones Con Jugos Para Acelerar la Producción de Leche Materna

Ponga a su Cuerpo En Acción Usando Ingredientes de la Naturaleza

Por

Joe Correa CSN

CONTENIDOS

Derechos de Autor

Reconocimientos

Acerca Del Autor

Introducción

Compromiso

55 Soluciones Con Jugos Para Acelerar la Producción de Leche Materna: Ponga a su Cuerpo En Acción Usando Ingredientes de la Naturaleza

Otros Títulos de Este Autor

ACERCA DEL AUTOR

Luego de años de investigación, honestamente creo en los efectos positivos que una nutrición apropiada puede tener en el cuerpo y la mente. Mi conocimiento y experiencia me han ayudado a vivir más saludablemente a lo largo de los años y los cuales he compartido con familia y amigos. Cuanto más sepa acerca de comer y beber saludable, más pronto querrá cambiar su vida y sus hábitos alimenticios.

La nutrición es una parte clave en el proceso de estar saludable y vivir más, así que empiece ahora. El primer paso es el más importante y el más significativo.

INTRODUCCIÓN

55 Soluciones Con Jugos Para Acelerar la Producción de Leche Materna: Ponga a su Cuerpo En Acción Usando Ingredientes de la Naturaleza

Por Joe Correa CSN

La lactancia materna regular es crucial para la salud de su hijo y para el desarrollo completo de su sistema inmunológico. Ser saludable y cuidar su cuerpo son dos de las cosas más importantes que puede hacer por usted y por su hijo recién nacido. Algunas personas han sido bendecidas con la capacidad natural de producir suficiente leche (en algunos casos incluso más que suficiente) para su hijo. Otros, por otro lado, necesitan mejorar este proceso hermoso y natural, principalmente a través de una nutrición adecuada.

La lactancia materna es esencial, especialmente en los tiempos modernos cuando nuestro sistema inmunológico se ha debilitado debido a las dietas deficientes y las vidas sedentarias. La leche materna es la primera "inyección" de inmunidad que todos recibimos desde el momento en que nacemos, por lo que es necesario que este proceso permanezca ininterrumpido.

Si, como muchas otras mujeres, tiene problemas con la

producción natural de leche materna o simplemente no desea correr ningún riesgo, entonces planear su dieta con anticipación es simplemente una obligación.

La incorporación de ingredientes saludables en una comida bien balanceada ha demostrado ser la mejor manera de lograr una salud óptima para usted y su hijo. Un buen plan nutricional es un factor clave en la producción de leche materna. Sin embargo, un buen plan de dieta no tiene por qué ser complicado en absoluto. No debería requerir toneladas de tiempo y dinero gastado en la preparación de comidas para este delicado período de la vida. Solo un par de ingredientes cuidadosamente seleccionados y perfectamente combinados tienen el poder de convertir su desayuno o refrigerio en una mina de oro nutritiva.

Este libro es una colección de recetas de jugos que producen leche materna extremadamente saludable. Está diseñado específicamente para enseñarle lo que pueden hacer las frutas y verduras cuando se combinan en un delicioso jugo.

Estas recetas le darán a su cuerpo todos los nutrientes esenciales que necesita para mejorar su salud general, estimular su sistema inmunológico y aumentar la producción de leche materna. Recuerde, comer bien y consumir los nutrientes adecuados es lo que más necesita su hijo en este momento. Prepare estos jugos todos los días y asegúrese de que su precioso bebé comience su vida con la mejor salud posible.

COMPROMISO

Para mejorar mi condición, yo (su nombre), me comprometo a comer más de estos alimentos a diario y a hacer ejercicio por lo menos 30 minutos diarios:

- Bayas (especialmente arándanos), melocotones, cerezas, manzanas, albaricoques, naranjas, zumo de limón, pomelo, mandarinas, mandarinas, peras, etc.
- Brócoli, espinaca, verdes de ensalada, batatas, palta, alcachofa, maíz bebé, zanahorias, apio, coliflor, cebollas, etc.
- Granos integrales, avena cortada con acero, avena, quinua, cebada, etc.
- Frijoles negros, judías rojas, garbanzos, lentejas, etc.
- Nueces y semillas que incluyen: nueces, castañas de Cajú, semillas de lino, semillas de sésamo, etc.
- Pescado
- 8 - 10 vasos de agua

Firme Aquí

X_____

55 JUICING SOLUTIONS TO ACCELERATE YOUR BREAST MILK PRODUCTION: GET YOUR BODY INTO ACTION USING NATURES INGREDIENTS

1. Jugo Verde de Palta

Ingredientes:

1 palta entera, en trozos

7 onzas de alcachofa, en trozos

1 limón mediano, sin piel

1 taza de repollo morado, en trozos

1 taza de repollo verde, en trozos

Preparación:

Pelar la palta y cortarla por la mitad. Remover el carozo y trozar. Dejar a un lado.

Recortar las hojas externas de la alcachofa y trozar. Dejar a un lado.

Pelar y cortar el limón por la mitad. Dejar a un lado.

Combinar el repollo verde y morado en un colador, y lavar

bajo agua fría. Colar, trozar y dejar a un lado.

Combinar la palta, alcachofa, limón y repollo en una juguera, y pulsar.

Transferir a un vaso y añadir hielo antes de servir.

Información nutricional por porción: Kcal: 353, Proteínas: 12.3g, Carbohidratos: 51g, Grasas: 30g

2. Jugo de Zanahoria y Chirivías

Ingredientes:

3 zanahorias grandes, en rodajas

2 manzanas Granny Smith grandes, sin piel y sin centro

1 taza de chirivías, en rodajas

1 hoja de albahaca, aplastada

¼ taza de agua

Preparación:

Lavar las zanahorias y chirivías, y cortar en rodajas gruesas. Dejar a un lado.

Lavar las manzanas y remover el centro. Trozar y dejar a un lado.

Combinar las zanahorias, manzanas y chirivías en una juguera, y pulsar.

Transferir a un vaso y añadir el agua. Decorar con hojas de albahaca y refrigerar antes de servir.

Información nutricional por porción: Kcal: 332, Proteínas: 5.4g, Carbohidratos: 97g, Grasas: 1.6g

3. Jugo de Frambuesas y Pepino

Ingredientes:

1 taza de frambuesas frescas

1 pepino grande, en rodajas

¼ taza de menta, en trozos

½ cucharadita de extracto de vainilla

Preparación:

Lavar las frambuesas bajo agua fría. Colar y dejar a un lado.

Lavar el pepino y cortarlo en rodajas finas. Dejar a un lado.

Combinar las frambuesas y pepino en una juguera, y pulsar. Transferir a un vaso y añadir el extracto de vainilla.

Decorar con hojas de menta fresca y refrigerar 10 minutos antes de servir.

Información nutricional por porción: Kcal: 152, Proteínas: 9.4g, Carbohidratos: 50g, Grasas: 2.6g

4. Jugo de Zanahoria y Canela

Ingredientes:

3 zanahorias grandes, en rodajas

½ cucharadita de polvo de canela

2 manzanas Granny Smith, sin centro y en trozos

¼ cucharadita de polvo de jengibre

1 cucharada de miel cruda

Preparación:

Lavar y cortar las zanahorias en rodajas gruesas. Dejar a un lado.

Lavar las manzanas y remover el centro. Trozar y dejar a un lado.

Combinar las zanahorias y manzanas en una juguera, y pulsar. Transferir a un vaso y añadir la miel, canela y jengibre.

Agregar algunos cubos de hielo y servir inmediatamente.

Información nutricional por porción: Kcal: 324, Proteínas: 3.4g, Carbohidratos: 93g, Grasas: 1.5g

5. Jugo de Banana y Grosellas

Ingredientes:

1 banana grande, sin piel

2 tazas de grosellas rojas

2 tazas de espinaca, en trozos

2 tazas de verdes de remolacha, en trozos

Preparación:

Pelar y trozar la banana. Dejar a un lado.

Lavar las grosellas bajo agua fría. Colar y dejar a un lado.

Combinar la espinaca y verdes de remolacha en un colador, y lavar. Trozar y dejar a un lado.

Combinar la banana, grosellas, espinaca y verdes de remolacha en una juguera. Transferir a un vaso y añadir hielo antes de servir.

Información nutricional por porción: Kcal: 194, Proteínas: 7.7g, Carbohidratos: 66.4g, Grasas: 1.2g

6. Jugo de Naranja y Brócoli

Ingredientes:

1 naranja grande, sin piel

10 onzas de brócoli, en trozos

1 taza de bayas de Goji

1 pepino grande, sin piel

1 cucharada de miel cruda

Preparación:

Pelar y dividir la naranja en gajos. Dejar a un lado.

Lavar y trozar el brócoli. Dejar a un lado.

Poner las bayas de Goji en un tazón mediano. Añadir 1 taza de agua y dejar reposar 30 minutos.

Lavar y cortar el pepino en rodajas gruesas. Dejar a un lado.

Procesar la naranja, bayas de Goji, brócoli y pepino en una juguera. Transferir a un vaso y añadir la miel.

Agregar hielo y servir.

Información nutricional por porción: Kcal: 193, Proteínas: 9.4g, Carbohidratos: 66g, Grasas: 1.7g

7.   Jugo de Papaya y Mango

Ingredientes:

1 taza de papaya verde, en trozos

1 taza de mango, en trozos

½ taza de agua de coco

1 taza de ananá, en trozos

1 cucharada de hojas de menta frescas

Preparación:

Cortar la parte superior del ananá y pelarlo. Trozar y reservar el resto en la nevera.

Pelar y trozar el mango. Dejar a un lado.

Lavar la guayaba y trozarla. Reservar el resto en la nevera si la fruta es grande.

Combinar el ananá, mango y guayaba en una juguera. Transferir a un vaso y añadir el agua de coco.

Decorar con hojas de menta y añadir hielo antes de servir.

Información nutricional por porción: Kcal: 187, Proteínas: 3.6g, Carbohidratos: 54.2g, Grasas: 1.3g

8. Jugo de Banana y Frutilla

Ingredientes:

1 banana mediana, en rodajas

2 tazas de frutillas frescas, en trozos

2 tazas de espinaca, en trozos

14 onzas de sandía, en trozos

½ cucharadita de canela, molida

1 cucharadita de miel cruda

Preparación:

Pelar y trozar la banana. Dejar a un lado.

Lavar y trozar las frutillas. Dejar a un lado.

Lavar la espinaca y trozar. Dejar a un lado.

Cortar la sandía por la mitad. Cortar dos gajos grandes y pelarlos. Trozar y remover las semillas. Dejar a un lado.

Combinar la banana, frutillas, espinaca y sandía en una juguera, y pulsar. Transferir a un vaso y añadir la miel y canela.

Refrigerar 5 minutos antes de servir.

Información nutricional por porción: Kcal: 349, Proteínas: 7.6g, Carbohidratos: 104.9g, Grasas: 3.2g

9. Jugo de Espinaca y Bayas

Ingredientes:

¼ taza de espinaca, en trozos

1 taza de moras

1 taza de arándanos

1 taza de frambuesas

1 taza de frutillas, en trozos

½ cucharadita de jengibre, molido

Preparación:

Lavar la espinaca y trozar. Dejar a un lado.

Combinar las bayas en un colador y lavar bajo agua fría. Dejar a un lado.

Mezclar todas las bayas y espinaca en una juguera, y pulsar. Transferir a un vaso.

Agregar algunos cubos de hielo y servir inmediatamente.

Información nutricional por porción: Kcal: 158, Proteínas: 5.9g, Carbohidratos: 56.4g, Grasas: 2.3g

10. Jugo de Chirivías y Coliflor

Ingredientes:

1 taza de chirivías, en rodajas

1 taza de coliflor, en trozos

1 banana grande, sin piel

1 naranja grande, sin piel

1 cucharadita de miel cruda

Un puñado de menta fresca, en trozos

Preparación:

Lavar y cortar las chirivías en rodajas gruesas. Dejar a un lado.

Recortar las hojas externas de la coliflor. Lavar y trozar. Reservar el resto en la nevera.

Pelar y trozar la banana. Dejar a un lado.

Pelar y dividir la naranja en gajos. Dejar a un lado.

Combinar las chirivías, coliflor, banana y naranja en una juguera, y pulsar. Transferir a un vaso y añadir la miel. Rociar con menta y refrigerar 5 minutos antes de servir.

Información nutricional por porción: Kcal: 336, Proteínas: 8.5g, Carbohidratos: 103g, Grasas: 1.5g

11. Jugo de Naranja Roja y Pera

Ingredientes:

3 naranjas rojas grandes, sin piel

1 pera mediana, sin centro y en trozos

½ taza de uvas negras

1 taza de espinaca bebé, en trozos

¼ cucharadita de jengibre, rallado

Preparación:

Lavar las uvas bajo agua fría y dejar a un lado.

Pelar y dividir las naranjas en gajos. Dejar a un lado.

Lavar la pera y remover el centro. Trozar y dejar a un lado.

Lavar la espinaca y trozar. Dejar a un lado.

Pelar la rodaja de jengibre. Dejar a un lado.

Combinar las naranjas, pera, uvas, espinaca y jengibre en una juguera, y pulsar.

Transferir a un vaso y refrigerar 10 minutos antes de servir.

Información nutricional por porción: Kcal: 347, Proteínas: 6.52g, Carbohidratos: 108.8g, Grasas: 1.27g

12. Jugo de Acelga y Col Rizada

Ingredientes:

2 tazas de Acelga, en trozos

2 tazas de col rizada fresca, en trozos

1 guayaba grande, en trozos

¼ taza de agua de coco

1 nudo de jengibre pequeño, sin piel y en trozos

Un puñado de espinaca, en trozos

Preparación:

Combinar la acelga, col rizada y espinaca en un colador, y lavar bajo agua fría. Colar y trozar. Dejar a un lado.

Lavar la guayaba y trozarla. Dejar a un lado.

Pelar la rodaja de jengibre. Dejar a un lado.

Combinar la acelga, col rizada, guayaba, jengibre y espinaca en una juguera, y pulsar.

Transferir a un vaso y añadir el agua de coco.

Agregar hielo y servir inmediatamente.

Información nutricional por porción: Kcal: 267, Proteínas: 22.3g, Carbohidratos: 45g, Grasas: 3.8g

13. Jugo Agrio de Brócoli

Ingredientes:

2 tazas de brócoli, en trozos

1 taza de frambuesas frescas

2 limas enteras, sin piel

½ taza de agua de coco

2 pepinos grandes, sin piel y en rodajas

Preparación:

Lavar y trozar el brócoli. Dejar a un lado.

Lavar las frambuesas bajo agua fría. Colar y dejar a un lado.

Pelar y cortar las limas por la mitad. Dejar a un lado.

Lavar y cortar los pepinos en rodajas gruesas. Dejar a un lado.

Combinar el brócoli, frambuesas, limas y pepino en una juguera, y pulsar. Transferir a un vaso y añadir el agua de coco.

Agregar hielo y servir.

Información nutricional por porción: Kcal: 153, Proteínas: 10.9g, Carbohidratos: 37.8g, Grasas: 2.2g

14. Jugo de Espinaca y Damasco

Ingredientes:

1 taza de espinaca fresca, en trozos

5 damascos medianos, en rodajas

1 kiwi grande, sin piel

1 durazno grande, en rodajas

1 cucharada de menta fresca, en trozos

¼ taza de agua

Preparación:

Lavar la espinaca y menta bajo agua fría. Colar y trozar. Dejar a un lado.

Lavar y cortar los damascos por la mitad. Remover los carozos y trozar. Dejar a un lado.

Pelar y cortar el kiwi por la mitad. Dejar a un lado.

Lavar el durazno y cortarlo por la mitad. Remover el carozo y trozar. Dejar a un lado.

Combinar la espinaca, damascos, kiwi, durazno y menta en una juguera, y pulsar.

Transferir a un vaso y refrigerar antes de servir.

Información nutricional por porción: Kcal: 211, Proteínas: 2.8g, Carbohidratos: 58.8g, Grasas: 2.8g

15. Jugo de Manzana y Col Rizada

Ingredientes:

2 manzanas Granny Smith grandes, sin centro y en trozos

½ taza de col rizada fresca, en trozos

1 pera grande, sin centro

1 limón entero, sin piel

Preparación:

Lavar las manzanas y pera. Remover los centros y trozar. Dejar a un lado.

Lavar la col rizada y remojar en agua caliente por 10 minutos. Colar y dejar a un lado.

Lavar y cortar la pera por la mitad. Remover el centro y trozar. Dejar a un lado.

Pelar y trozar el limón. Dejar a un lado.

Procesar la manzana, col rizada, pera y limón en una juguera. Pulsar, transferir a un vaso y añadir hielo antes de servir.

Información nutricional por porción: Kcal: 120, Proteínas: 3.2g, Carbohidratos: 62.5g, Grasas: 1.2g

16. Jugo Verde de Jengibre

Ingredientes:

1 corazón de alcachofa, en trozos

1 taza de palta, en cubos

1 pepino grande, en rodajas

1 taza de albahaca fresca, en trozos

1 taza de repollo verde, en trozos

¼ cucharadita de polvo de jengibre

Preparación:

Recortar las hojas externas de la alcachofa. Lavar y trozar. Dejar a un lado.

Pelar y cortar la palta por la mitad. Remover el carozo y cortar en cubos. Reservar el resto en la nevera. Dejar a un lado.

Lavar y cortar el pepino en rodajas gruesas. Dejar a un lado.

Lavar la albahaca y repollo, y trozarlos. Dejar a un lado.

Procesar la palta, pepino, alcachofa, albahaca y repollo en una juguera. Transferir a un vaso y añadir la miel líquida.

Refrigerar 5 minutos antes de servir.

Información nutricional por porción: Kcal: 316, Proteínas: 12.1g, Carbohidratos: 47.5g, Grasas: 20.2g

17. Jugo de Rábano y Naranja

Ingredientes:

2 rábanos medianos, recortados y en trozos

2 naranjas grandes, sin piel

1 taza de cantalupo, en cubos

1 nudo de jengibre, de 1 pulgada

1 cucharada de miel líquida

2 onzas de agua

Preparación:

Lavar los rábanos y recortar las partes verdes. Trozar y dejar a un lado.

Pelar y dividir las naranjas en gajos. Dejar a un lado.

Cortar el cantalupo por la mitad. Remover las semillas y pulpa. Necesitará un gajo grande para una taza. Cortarlo y pelarlo. Trozar y dejar a un lado. Reservar el resto en la nevera.

Pelar el nudo de jengibre y dejar a un lado.

Procesar los rábanos, naranjas, cantalupo y jengibre en una juguera. Transferir a un vaso y añadir la miel y agua.

Agregar algunos cubos de hielo o refrigerar 5 minutos antes de servir.

Información nutricional por porción: Kcal: 250, Proteínas: 4.9g, Carbohidratos: 74.3g, Grasas: 0.8g

18. Jugo de Pepino y Pomelo

Ingredientes:

1 pepino grande, en rodajas

1 pomelo grande, sin piel

1 taza de ananá, en trozos

1 manzana Gala, sin centro

¼ cucharadita de polvo de jengibre

1 limón grande, sin piel

Preparación:

Pelar y dividir el pomelo en gajos. Dejar a un lado.

Lavar y cortar el pepino en rodajas gruesas. Dejar a un lado.

Cortar la parte superior del ananá y pelarlo. Trozar y reservar el resto en la nevera.

Lavar y remover el centro de la manzana. Trozar y dejar a un lado.

Pelar y cortar el limón por la mitad. Dejar a un lado.

Procesar el pomelo, pepino, ananá, manzana y limón en una juguera.

Transferir a un vaso y añadir el polvo de jengibre.

Refrigerar 10 minutos antes de servir.

Información nutricional por porción: Kcal: 279, Proteínas: 6.1g, Carbohidratos: 84.2g, Grasas: 1.3g

19. Jugo Cítrico de Pepino

Ingredientes:

1 pepino grande

1 limón grande, sin piel

1 lima grande, sin piel

1 naranja grande, sin piel

1 cucharada de semillas de chía

2 onzas de agua

Preparación:

Lavar y cortar el pepino en rodajas gruesas. Dejar a un lado.

Pelar el limón y lima, y cortarlos por la mitad. Dejar a un lado.

Pelar y dividir la naranja en gajos. Dejar a un lado.

Combinar el pepino, limón, lima y naranja en una juguera, y pulsar. Transferir a un vaso y añadir semillas de chía para más nutrientes.

Agregar algunos cubos de hielo y refrigerar 5 minutos antes de servir.

Agregar el agua y servir.

Información nutricional por porción: Kcal: 186, Proteínas: 6.2g, Carbohidratos: 41.4g, Grasas: 5g

20. Jugo de Arándanos y Manzana

Ingredientes:

1 taza de remolacha, recortada

2 zanahorias pequeñas, en rodajas

1 taza de arándanos

1 manzana Dorada Deliciosa mediana, sin centro

1 limón grande, sin piel

2 onzas de agua de coco

Preparación:

Lavar la remolacha y recortar las partes verdes. Trozar y dejar a un lado.

Lavar y cortar las zanahorias en rodajas gruesas. Dejar a un lado.

Lavar los arándanos bajo agua fría. Colar y dejar a un lado.

Lavar la manzana y remover el centro. Trozar y dejar a un lado.

Pelar y cortar el limón por la mitad. Dejar a un lado.

Procesar la remolacha, zanahorias, arándanos, manzana y

limón en una juguera.

Transferir a un vaso y añadir el agua de coco. Opcionalmente, decorar con menta y refrigerar antes de servir.

Información nutricional por porción: Kcal: 240, Proteínas: 5.6g, Carbohidratos: 74.1g, Grasas: 1.5g

21. Jugo de Col Rizada Morada

Ingredientes:

1 taza de col rizada morada, en trozos

1 taza de lechuga roja, en trozos

1 remolacha grande, recortada

2 zanahorias grandes, en rodajas

1 limón grande, sin piel

¼ cucharadita de jengibre, molido

Preparación:

Combinar la col rizada y lechuga roja en un colador. Lavar bajo agua fría y colar. Trozar y dejar a un lado.

Lavar la remolacha y remover las partes verdes. Trozar y dejar a un lado.

Lavar y cortar las zanahorias en rodajas gruesas. Dejar a un lado.

Pelar y cortar el limón por la mitad. Dejar a un lado.

Combinar la col rizada, lechuga, remolacha, zanahorias y limón en una juguera, y pulsar.

Transferir a un vaso y añadir hielo antes de servir.

Información nutricional por porción: Kcal: 135, Proteínas: 7.9g, Carbohidratos: 41.7g, Grasas: 1.5g

22. Jugo de Manzana y Apio

Ingredientes:

1 manzana verde mediana, sin centro y en trozos

3-4 tallos de apio grande, en trozos

3 zanahorias grandes, en rodajas

1 limón grande, sin piel

2 remolacha grande, recortada

1 taza de col rizada fresca, en trozos

¼ cucharadita de jengibre, molido

Preparación:

Lavar y remover el centro de la manzana. Trozar y dejar a un lado.

Lavar los tallos de apio y trozarlos. Dejar a un lado.

Lavar y cortar las zanahorias en rodajas gruesas. Dejar a un lado.

Pelar y cortar el limón por la mitad. Dejar a un lado.

Lavar la remolacha y recortar las partes verdes. Trozar y dejar a un lado.

Lavar la col rizada bajo agua fría y trozar. Dejar a un lado.

Procesar la manzana, apio, zanahorias, limón, remolacha y col rizada en una juguera.

Transferir a un vaso y añadir el jengibre. Agregar hielo y servir inmediatamente.

Información nutricional por porción: Kcal: 136, Proteínas: 6.1g, Carbohidratos: 39g, Grasas: 1.2g

23. Jugo de Pepino y Apio

Ingredientes:

2 naranjas grandes, sin piel

1 taza de Acelga, en trozos

1 pepino grande, en rodajas

4-5 tallos de apio medianos, en trozos

1 limón pequeño, sin piel

½ taza de perejil fresco, en trozos

Preparación:

Pelar y dividir las naranjas en gajos. Dejar a un lado.

Combinar la acelga y perejil en un colador, y lavar bajo agua fría. Colar y trozar. Dejar a un lado.

Lavar y cortar el pepino en rodajas gruesas. Dejar a un lado.

Lavar los tallos de apio y trozarlos. Dejar a un lado.

Pelar y cortar el limón por la mitad. Dejar a un lado.

Procesar las naranjas, acelga, pepino, apio, perejil y limón en una juguera.

Transferir a un vaso y refrigerar 10 minutos antes de servir.

Información nutricional por porción: Kcal: 214, Proteínas: 8.4g, Carbohidratos: 67.6g, Grasas: 1.5g

24. Jugo Picante de Lima y Ananá

Ingredientes:

1 lima grande, sin piel

1 taza de ananá, en trozos

2 zanahorias grandes, en rodajas

1 manzana Roja Deliciosa grande, sin centro

¼ cucharadita de pimienta cayena, molida

Preparación:

Pelar y cortar la lima por la mitad. Dejar a un lado.

Cortar la parte superior del ananá y pelarlo. Trozar y reservar el resto en la nevera.

Lavar y cortar las zanahorias en rodajas gruesas. Dejar a un lado.

Lavar y remover el centro de la manzana. Trozar y dejar a un lado.

Combinar la lima, ananá, zanahorias y manzana en una juguera, y pulsar.

Transferir a un vaso y añadir la pimienta cayena. Agregar agua para ajustar el espesor.

Refrigerar 5 minutos antes de servir.

Información nutricional por porción: Kcal: 224, Proteínas: 3.3g, Carbohidratos: 67.1g, Grasas: 1.1g

25. Jugo de Nabo y Coliflor

Ingredientes:

1 taza de verdes de nabo, en trozos

1 taza de coliflor, en trozos

1 taza de col rizada, en trozos

1 taza de Lechuga romana, en trozos

1 pepino grande, en rodajas

Preparación:

Combinar los verdes de nabo, col rizada y lechuga romana en un colador, y lavar bajo agua fría. Colar y trozar. Dejar a un lado.

Recortar las hojas externas de la coliflor. Lavar y trozar. Rellenar un vaso medidor y reservar el resto para otro jugo. Dejar a un lado.

Lavar y cortar el pepino en rodajas gruesas. Dejar a un lado.

Combinar los verdes de nabo, col rizada, lechuga romana, coliflor y pepino en una juguera, y pulsar.

Transferir a un vaso y añadir hielo antes de servir.

Información nutricional por porción: Kcal: 96, Proteínas: 8.3g, Carbohidratos: 27.6g, Grasas: 1.6g

26. Jugo de Naranja y Sandía

Ingredientes:

1 naranja grande, sin piel

2 gajos de sandía medianos, sin semillas

1 taza de moras

½ taza de agua de coco

1 cucharada de miel cruda

Preparación:

Pelar y dividir la naranja en gajos. Dejar a un lado.

Cortar la sandía por la mitad. Cortar dos gajos grandes y pelarlos. Trozar y remover las semillas. Dejar a un lado.

Lavar las moras bajo agua fría y dejar a un lado.

Combinar la naranja, sandía y moras en una juguera, y pulsar.

Transferir a un vaso y añadir el agua de coco y miel.

Refrigerar 10 minutos antes de servir.

Información nutricional por porción: Kcal: 264, Proteínas: 7.2g, Carbohidratos: 78.6g, Grasas: 1.7g

27. Jugo de Lima y Cereza

Ingredientes:

1 lima entera, sin piel

2 tazas de cerezas, sin carozo

1 pomelo entero, sin piel

1 cucharada de menta fresca, en trozos

Preparación:

Pelar y cortar la lima por la mitad. Dejar a un lado.

Lavar las cerezas bajo agua fría. Cortar por la mitad y remover los carozos. Dejar a un lado.

Pelar y dividir el pomelo en gajos. Cortar cada gajo por la mitad y dejar a un lado.

Combinar la lima, cerezas y pomelo en una juguera, y pulsar. Transferir a un vaso y decorar con menta fresca.

Información nutricional por porción: Kcal: 266, Proteínas: 5.3g, Carbohidratos: 79.4g, Grasas: 1g

28. Jugo de Bayas y Manzana

Ingredientes:

1 taza de arándanos

1 taza de frutillas, en trozos

1 taza de arándanos rojos

1 taza de frambuesas

1 taza de moras

1 manzana Granny Smith pequeña

2 onzas de agua

Preparación:

Combinar las bayas en un colador y lavar bajo agua fría. Trozar las frutillas y dejar a un lado.

Remojar las bayas en agua por 5 minutos. Colar y dejar a un lado.

Lavar y remover el centro de la manzana. Trozar y dejar a un lado.

Procesar las bayas y manzana en una juguera. Transferir a un vaso y añadir el agua.

Agregar hielo y servir.

Información nutricional por porción: Kcal: 201, Proteínas: 5.7g, Carbohidratos: 69.8g, Grasas: 2.2g

29. Jugo de Manzana y Durazno

Ingredientes:

1 manzana Roja Deliciosa grande, sin centro

3 duraznos grandes, sin carozo

1 taza de frutillas, en trozos

¼ cucharadita de jengibre, molido

Preparación:

Lavar y remover el centro de la manzana. Trozar y dejar a un lado.

Lavar y cortar los duraznos por la mitad. Remover los carozos y dejar a un lado.

Lavar las frutillas. Cortarlas por la mitad y dejar a un lado.

Combinar las manzanas, duraznos y frutillas en una juguera. Pulsar, transferir a un vaso y añadir el jengibre.

Refrigerar 10 minutos antes de servir.

Información nutricional por porción: Kcal: 64, Proteínas: 1.2g, Carbohidratos: 18.3g, Grasas: 0.1g

30. Jugo de Uva y Frutilla

Ingredientes:

1 taza de uvas verdes

1 taza de frutillas frescas, en trozos

1 taza de moras frescas

1 manzana verde mediana, sin centro

2 onzas de agua de coco

Preparación:

Lavar las uvas y poner en un vaso medidor. Reservar el resto. Dejar a un lado.

Combinar las frutillas y moras en un colador, y lavar bajo agua fría. Trozar las frutillas y dejar a un lado.

Lavar y remover el centro de la manzana. Trozar y dejar a un lado.

Procesar las uvas, frutillas, moras y manzana en una juguera. Transferir a un vaso y añadir el agua de coco.

Agregar hielo antes de servir.

Información nutricional por porción: Kcal: 201, Proteínas: 4.3g, Carbohidratos: 63.4g, Grasas: 1.7g

31. Jugo de Gala y Melón

Ingredientes:

2 manzanas Gala medianas, sin centro

1 gajo de melón dulce grande

1 taza de frutillas frescas, en trozos

1 taza de menta fresca, en trozos

2 onzas de agua de coco

Preparación:

Lavar las manzanas y remover el centro. Trozar y dejar a un lado.

Cortar el melón por la mitad. Remover las semillas, cortar gajos grandes y pelarlos. Trozar y poner en un tazón. Reservar el resto en la nevera.

Lavar las frutillas bajo agua fría y trozarlas. Dejar a un lado.

Lavar y trozar la menta. Dejar a un lado.

Procesar las manzanas, melón, frutillas y menta en una juguera.

Transferir a un vaso y añadir el agua de coco.

Agregar cubos de hielo y servir inmediatamente.

Información nutricional por porción: Kcal: 293, Proteínas: 4.5g, Carbohidratos: 84g, Grasas: 1.6g

32. Jugo de Remolacha y Col Rizada

Ingredientes:

2 tazas de verdes de remolacha, recortados

1 taza de col rizada fresca, en trozos

1 taza de apio fresco, en trozos

3 puerros grandes, en trozos

1 pepino grande, en rodajas

1 nudo de jengibre, en rodajas

½ cucharadita de Sal himalaya

Preparación:

Lavar los verdes de remolacha y col rizada bajo agua fría. Trozar y dejar a un lado.

Lavar el apio y puerro. Trozar y dejar a un lado.

Lavar y cortar el pepino en rodajas gruesas. Dejar a un lado.

Pelar el jengibre y dejar a un lado.

Procesar los verdes de remolacha, col rizada, apio, puerro, pepino y jengibre en una juguera.

Transferir a un vaso y añadir la sal.

Refrigerar 10 minutos antes de servir.

Información nutricional por porción: Kcal: 228, Proteínas: 11.5g, Carbohidratos: 61.3g, Grasas: 2.1g

33. Jugo de Calabaza y Apio

Ingredientes:

1 taza de zapallo calabaza, en cubos

1 taza de apio, en trozos

1 taza de Lechuga romana, en trozos

1 taza de lechuga roja, en trozos

1 taza de verdes de mostaza, en trozos

1 taza de Brotes de Bruselas, por la mitad

1 limón grande, sin piel

1 pepino grande, en rodajas

Preparación:

Pelar el zapallo y remover las semillas. Cortar en cubos y reservar el resto en la nevera.

Lavar y trozar el apio. Dejar a un lado.

Combinar los verdes de mostaza, lechuga romana y lechuga roja en un colador. Lavar bajo agua fría y colar. Trozar y dejar a un lado.

Lavar y recortar las hojas externas de los brotes de

Bruselas. Cortarlos por la mitad y dejar a un lado.

Pelar y cortar el limón por la mitad. Dejar a un lado.

Lavar y cortar el pepino en rodajas gruesas. Dejar a un lado.

Procesar la calabaza, verdes de mostaza, apio, lechuga romana, lechuga roja, brotes de Bruselas, limón y pepino en una juguera.

Transferir a un vaso y añadir hielo antes de servir.

Información nutricional por porción: Kcal: 152, Proteínas: 10.2g, Carbohidratos: 48.4g, Grasas: 1.5g

34. Jugo de Naranja y Espinaca

Ingredientes:

1 naranja grande, sin piel

1 taza de espinaca, en trozos

2 tazas de sandía, sin semillas

1 taza de Lechuga romana, en trozos

Preparación:

Cortar la sandía por la mitad. Para dos tazas, necesitará dos gajos grandes. Pelarlos y trozarlos. Remover las semillas y dejar a un lado. Reservar le resto en la nevera.

Pelar y dividir la naranja en gajos. Dejar a un lado.

Combinar la espinaca y lechuga en un colador. Lavar bajo agua fría y colar. Trozar y dejar a un lado.

Procesar la naranja, espinaca, sandía y lechuga en una juguera. Pulsar, transferir a un vaso y refrigerar 5 minutos antes de servir.

Información nutricional por porción: Kcal: 175, Proteínas: 5.2g, Carbohidratos: 53.4g, Grasas: 1.2g

35. Jugo de Calabaza y Jengibre

Ingredientes:

1 manzana Granny Smith mediana, sin centro

1 pepino grande, en rodajas

1 taza de calabaza amarilla, en cubos

1 nudo de jengibre, en rodajas

2 zanahorias grandes

¼ cucharadita de canela, molida

Preparación:

Pelar la calabaza y cortarla por la mitad. Remover las semillas, cortar un gajo grande y pelarlo. Trozar y dejar a un lado. Reservar el resto.

Pelar el nudo de jengibre y trozarlo. Dejar a un lado.

Lavar y remover el centro de la manzana. Trozar y dejar a un lado.

Lavar el pepino y zanahorias, y cortar en rodajas gruesas. Dejar a un lado.

Procesar la calabaza, jengibre, manzana y pepino en una juguera.

Transferir a un vaso y añadir la canela.

Agregar hielo y servir inmediatamente.

Información nutricional por porción: Kcal: 194, Proteínas: 5.3g, Carbohidratos: 56.1g, Grasas: 1.4g

36. Jugo de Lima y Manzana

Ingredientes:

1 manzana Granny Smith pequeña, sin centro

1 taza de apio, en trozos

1 lima entera, sin piel

1 taza de col rizada fresca, en trozos

1 taza de menta fresca, en trozos

Preparación:

Lavar y cortar la manzana por la mitad. Remover el centro y trozar. Dejar a un lado.

Lavar y trozar el apio. Rellenar un vaso medidor y dejar a un lado.

Combinar la col rizada y menta en un colador grande. Lavar bajo agua fría, colar y trozar. Dejar a un lado.

Pelar y trozar la lima. Dejar a un lado.

Combinar la col rizada, menta, apio, lima y manzana en una juguera, y pulsar. Transferir a un vaso y añadir hielo antes de servir.

Información nutricional por porción: Kcal: 121, Proteínas: 5.3g, Carbohidratos: 35.8g, Grasas: 1.3g

37. Jugo de Banana y Mango

Ingredientes:

1 banana grande, sin piel

1 taza de mango, en trozos

1 pomelo entero, sin piel

1 taza de menta fresca, en trozos

2 frutillas grandes, en trozos

Preparación:

Pelar y trozar la banana. Dejar a un lado.

Pelar y trozar el mango. Rellenar un vaso medidor y reservar el resto en la nevera. Dejar a un lado.

Pelar y dividir el pomelo en gajos. Cortar cada gajo por la mitad y dejar a un lado.

Lavar la menta y trozarla. Dejar a un lado.

Lavar y trozar las frutillas. Dejar a un lado.

Combinar la banana, mango, pomelo, menta y frutillas en una juguera, y pulsar. Transferir a un vaso y agregar hielo antes de servir.

Información nutricional por porción: Kcal: 301, Proteínas: 5.9g, Carbohidratos: 88.5g, Grasas: 1.7g

38. Jugo de Pepino y Ananá

Ingredientes:

1 pepino grande, en rodajas

1 taza de ananá, en trozos

1 taza de guayaba, en trozos

2 limas grandes, sin piel

1 cucharada de menta fresca, en trozos

2 onzas de agua

Preparación:

Lavar el pepino y cortarlo en rodajas finas. Dejar a un lado.

Cortar la parte superior del ananá y pelarlo. Trozar y rellenar un vaso medidor. Reservar el resto en la nevera.

Lavar y trozar la guayaba. Rellenar un vaso medidor y reservar el resto en la nevera.

Pelar y cortar las limas por la mitad. Dejar a un lado.

Combinar el pepino, ananá, guayaba, limas y menta en una juguera. Pulsar y transferir a un vaso. Añadir el agua y refrigerar 15 minutos antes de servir.

Información nutricional por porción: Kcal: 158, Proteínas: 4.7g, Carbohidratos: 47.9g, Grasas: 1.1g

39. Jugo de Pomelo y Naranja

Ingredientes:

2 pomelos grandes, sin piel

1 manzana Granny Smith grande, sin centro

2 frutillas grandes, en trozos

1 nudo de jengibre pequeño, sin piel

2 onzas de agua de coco

Preparación:

Pelar y dividir los pomelos en gajos. Dejar a un lado.

Lavar y cortar la manzana por la mitad. Remover el centro y trozar. Dejar a un lado.

Lavar y trozar las frutillas. Dejar a un lado.

Pelar el nudo de jengibre y dejar a un lado.

Combinar los pomelos, manzana, frutillas y jengibre en una juguera. Procesar y transferir a un vaso. Añadir el agua de coco y refrigerar 10 minutos, o agregar hielo antes de servir.

Información nutricional por porción: Kcal: 302, Proteínas: 4.8g, Carbohidratos: 86.3g, Grasas: 1.7g

40. Jugo de Ciruela y Naranja

Ingredientes:

1 ciruela grande, en trozos

1 naranja grande, sin piel

1 taza de cantalupo, en trozos

1 taza de menta fresca, en trozos

¼ cucharadita de jengibre, molido

Preparación:

Lavar y cortar la ciruela por la mitad. Remover el carozo y trozar. Dejar a un lado.

Pelar y dividir la naranja en gajos. Cortar cada gajo por la mitad y dejar a un lado.

Cortar el cantalupo por la mitad. Remover las semillas y pulpa. Cortar y pelar un gajo grande. Trozar y rellenar un vaso medidor. Reservar el resto en la nevera.

Lavar la menta bajo agua fría. Trozar y dejar a un lado.

Combinar la ciruela, naranja, cantalupo y menta en una juguera, y pulsar. Transferir a un vaso y añadir el jengibre.

Servir inmediatamente.

Información nutricional por porción: Kcal: 151, Proteínas: 4.4g, Carbohidratos: 45.6g, Grasas: 0.9g

41. Jugo Dulce de Col Rizada

Ingredientes:

½ taza de col rizada fresca, en trozos

1 cucharadita de jengibre fresco, rallado

½ taza de semillas de granada

1 manzana Gala grande, sin centro

1 cucharada de néctar de agave

Preparación:

Lavar la col rizada bajo agua fría. Colar y trozar. Dejar a un lado.

Pelar y rallar el nudo de jengibre. Rellenar una cucharadita y reservar el resto en la nevera.

Cortar la parte superior de la granada y deslizar hacia las membranas blancas. Remover las semillas a un vaso medidor y reservar el resto.

Lavar y remover el centro de la manzana. Trozar y dejar a un lado.

Procesar la col rizada, jengibre, semillas de granada y manzana en una juguera, y pulsar.

Transferir a un vaso y añadir agua para ajustar el espesor. Agregar el néctar de agave y servir inmediatamente.

Información nutricional por porción: Kcal: 187, Proteínas: 6g, Carbohidratos: 49.3g, Grasas: 2.2g

42. Jugo de Naranja y Zanahoria

Ingredientes:

1 naranja mediana, en gajos

1 zanahoria grande, en rodajas

1 taza de mango, en trozos

1 manzana Roja Deliciosa pequeña, sin centro y en trozos

1 onza de agua de coco

Preparación:

Pelar y dividir la naranja en gajos. Dejar a un lado.

Lavar y pelar la zanahoria. Trozar y dejar a un lado.

Pelar y trozar el mango. Rellenar un vaso medidor y reservar el resto.

Lavar y cortar la manzana por la mitad. Remover el centro y trozar. Dejar a un lado.

Combinar la naranja, zanahoria, mango y manzana en una juguera, y pulsar. Transferir a un vaso y añadir el agua de coco.

Servir inmediatamente.

Información nutricional por porción: Kcal: 189, Proteínas: 2.6g, Carbohidratos: 56.4g, Grasas:1.1g

43. Jugo de Chirivías y Manzana

Ingredientes:

1 taza de chirivías, en rodajas

2 manzanas Granny Smith grandes, sin piel y sin centro

3 zanahorias medianas, en rodajas

¼ taza de agua

1 cucharada de jugo de limón fresco

Preparación:

Lavar las chirivías y zanahorias. Recortar las partes verdes y pelar. Cortar en rodajas gruesas y dejar a un lado.

Lavar las manzanas y remover el centro. Trozar y dejar a un lado.

Combinar las chirivías, manzanas y zanahorias en una juguera, y pulsar.

Transferir a un vaso y añadir el agua y jugo de limón. Decorar con menta y refrigerar antes de servir.

Información nutricional por porción: Kcal: 332, Proteínas: 5.4g, Carbohidratos: 95g, Grasas: 1.6g

44. Jugo de Manzana y Remolacha

Ingredientes:

1 manzana Roja Deliciosa pequeña, sin centro

1 taza de remolacha, en rodajas

1 taza de cantalupo, en cubos

1 taza de col rizada fresca, en trozos

¼ cucharadita de jengibre, molido

Preparación:

Lavar y cortar la manzana por la mitad. Remover el centro y trozar. Dejar a un lado.

Lavar la remolacha y recortar las partes verdes. Cortar en rodajas finas y rellenar un vaso medidor. Reservar el resto para otro jugo.

Cortar el cantalupo por la mitad. Remover las semillas y cortar un gajo grande. Pelarlo y trozarlo. Rellenar un vaso medidor y reservar el resto en la nevera.

Lavar la col rizada bajo agua fría. Colar y trozar. Dejar a un lado.

Combinar la manzana, remolacha, cantalupo y col rizada en

una juguera, y pulsar. Transferir a un vaso y añadir el jengibre.

Agregar hielo y servir inmediatamente.

Información nutricional por porción: Kcal: 181, Proteínas: 7g, Carbohidratos: 51.1g, Grasas: 1.4g

45. Jugo Dulce de Naranja y Palta

Ingredientes:

1 naranja grande, sin piel

1 taza de palta, en rodajas

3 tazas de Lechuga romana, en trozos

½ taza de agua de coco

1 cucharadita de miel líquida

Preparación:

Pelar y dividir la naranja en gajos. Dejar a un lado.

Pelar y cortar la palta por la mitad. Remover el carozo y trozar. Rellenar un vaso medidor y reservar el resto. Dejar a un lado.

Lavar y trozar la lechuga. Dejar a un lado.

Combinar la lechuga, naranja y palta en una juguera, y pulsar.

Transferir a un vaso y refrigerar 10 minutos antes de servir.

Información nutricional por porción: Kcal: 240, Proteínas: 4.9g, Carbohidratos: 25.6g, Grasas: 21.7g

46. Jugo de Arándanos y Frutillas

Ingredientes:

1 taza de arándanos

1 taza de frutillas, en trozos

1 taza de arándanos rojos

1 taza de moras

1 taza de frambuesas

3 onzas de agua de coco

Preparación:

Combinar los arándanos, frutillas, arándanos rojos, moras y frambuesas en un colador. Lavar bajo agua fría y colar.

Trozar las frutillas y dejar a un lado.

Combinar todo en una juguera y pulsar. Transferir a un vaso y añadir el agua de coco. agregar hielo y miel para más sabor.

Información nutricional por porción: Kcal: 210, Proteínas: 5.9g, Carbohidratos: 75.3g, Grasas: 2.5g

47. Jugo de Tomate y Pepino

Ingredientes:

1 tomate grande, en trozos

1 pepino grande, en rodajas

1 taza de palta, en trozos

1 limón grande, sin piel

1 taza de albahaca fresca, en trozos

Preparación:

Lavar el tomate y ponerlo en un tazón. Cortar en cuartos y reservar el jugo. Dejar a un lado.

Lavar y cortar el pepino en rodajas gruesas. Dejar a un lado.

Pelar y cortar la palta por la mitad. Remover el carozo y trozar. Rellenar un vaso medidor y reservar el resto en la nevera.

Pelar y cortar el limón por la mitad. Dejar a un lado.

Lavar y trozar la albahaca. Dejar a un lado.

Combinar el tomate, pepino, palta, limón y albahaca en una juguera, y pulsar.

Transferir a un vaso y añadir hielo antes de servir.

Información nutricional por porción: Kcal: 240, Proteínas: 3.1g, Carbohidratos: 75.1g, Grasas: 0.9g

48. Jugo de Remolacha y Naranja

Ingredientes:

1 taza de remolacha, recortada y en trozos

1 naranja grande, sin piel

1 rábano grande, en trozos

1 taza de col rizada fresca, en trozos

1 pepino grande

Preparación:

Lavar la remolacha y recortar las partes verdes. Trozar y dejar a un lado.

Pelar y dividir la naranja en gajos. Dejar a un lado.

Lavar el rábano y recortar las partes verdes. Trozar y dejar a un lado.

Lavar la col rizada bajo agua fría. Colar y trozar. Dejar a un lado.

Lavar y cortar el pepino en rodajas gruesas. Dejar a un lado.

Combinar la remolacha, naranja, rábano, col rizada y pepino en una juguera, y pulsar.

Transferir a un vaso y añadir hielo antes de servir.

Información nutricional por porción: Kcal: 174, Proteínas: 8.8g, Carbohidratos: 51.7g, Grasas: 1.4g

49. Jugo de Manzana y Acelga

Ingredientes:

1 manzana Granny Smith, sin centro

2 tazas de Acelga, en trozos

1 taza de Lechuga iceberg, en trozos

1 pepino grande, en rodajas

1 naranja pequeña, sin piel

Preparación:

Lavar y remover el centro de la manzana. Trozar y dejar a un lado.

Combinar la acelga y perejil en un colador, y lavar bajo agua fría. Trozar y dejar a un lado.

Lavar y cortar el pepino en rodajas gruesas. Dejar a un lado.

Pelar y dividir la naranja en gajos. Dejar a un lado.

Combinar la manzana, acelga, pepino, perejil y naranja en una juguera, y pulsar. Transferir a un vaso y añadir hielo antes de servir.

Información nutricional por porción: Kcal: 161, Proteínas: 6.3g, Carbohidratos: 46.3g, Grasas: 1.2g

50. Jugo de Melón y Menta

Ingredientes:

2 gajos de melón dulce grandes

1 taza de menta fresca, en trozos

1 lima grande, sin piel

1 manzana amarilla grande, sin centro

2 onzas de agua de coco

Preparación:

Cortar el melón por la mitad y remover las semillas. Cortar dos gajos grandes y pelarlos. Trozar y poner en un tazón. Reservar el resto en la nevera.

Lavar la menta bajo agua fría. Colar y trozar. Dejar a un lado.

Pelar y cortar la lima por la mitad. Dejar a un lado.

Lavar y remover el centro de la manzana. Trozar y dejar a un lado.

Combinar el melón, menta, lima y manzana en una juguera. Transferir a un vaso y añadir el agua de coco.

Agregar hielo y servir inmediatamente.

Información nutricional por porción: Kcal: 228, Proteínas: 3.4g, Carbohidratos: 65.7g, Grasas: 1g

51. Jugo de Brócoli y Calabacín

Ingredientes:

2 tazas de brócoli fresco, en trozos

1 calabacín mediano, en rodajas

1 pomelo grande, sin piel y en gajos

1 taza de Lechuga iceberg, en trozos

1 taza de verdes de mostaza, en trozos

2 onzas de agua

Preparación:

Lavar y trozar el brócoli. Dejar a un lado.

Pelar el calabacín y cortarlo por la mitad. Remover las semillas y trozar. Dejar a un lado.

Pelar y dividir el pomelo en gajos. Dejar a un lado.

Combinar la lechuga y verdes de mostaza en un colador. Lavar bajo agua fría y trozar. Dejar a un lado.

Procesar el brócoli, calabacín, pomelo, lechuga y verdes de mostaza en una juguera. Transferir a un vaso y añadir hielo.

Servir inmediatamente.

Información nutricional por porción: Kcal: 166, Proteínas: 11.6g, Carbohidratos: 48.6g, Grasas: 2.1g

52. Jugo de Ciruela y Lima

Ingredientes:

2 ciruelas enteras, en trozos

1 lima entera, sin carozo y en trozos

1 taza de palta, en cubos

1 pera pequeña, en trozos

2 onzas de agua de coco

¼ cucharadita de jengibre, molido

Preparación:

Lavar y cortar las ciruelas por la mitad. Remover los carozos y trozar. Dejar a un lado.

Pelar y cortar la lima por la mitad. Dejar a un lado.

Pelar y cortar la palta por la mitad. Remover el carozo y cortar en cubos. Rellenar un vaso medidor y reservar el resto.

Lavar y cortar la pera por la mitad. Remover el centro y trozar. Dejar a un lado.

Combinar las ciruelas, lima, palta y pera en una juguera y pulsar. Transferir a un vaso y añadir el agua de coco y jengibre.

Agregar hielo y servir inmediatamente.

Información nutricional por porción: Kcal: 328, Proteínas: 4.6g, Carbohidratos: 54.1g, Grasas: 22.6g

53. Jugo de Pera y Lima

Ingredientes:

1 pera mediana, en trozos

1 lima entera, sin piel

1 puerro entero, en trozos

1 taza de cantalupo, sin piel y en trozos

1 onza de agua de coco

¼ cucharadita de jengibre, molido

Preparación:

Lavar y cortar la pera por la mitad. Remover el centro y trozar. Dejar a un lado.

Pelar y cortar la lima por la mitad. Dejar a un lado.

Lavar y cortar el puerro. Dejar a un lado.

Cortar el cantalupo por la mitad. Remover las semillas y pulpa. Cortar y pelar un gajo grande. Trozar y rellenar un vaso medidor. Reservar el resto en la nevera.

Combinar la pera, lima, puerro y cantalupo en una juguera, y pulsar. Transferir a un vaso y añadir el agua de coco y jengibre.

Agregar hielo o refrigerar 10 minutos antes de servir.

Información nutricional por porción: Kcal: 184, Proteínas: 3.5g, Carbohidratos: 56.2g, Grasas: 0.8g

54. Jugo de Menta y Kiwi

Ingredientes:

1 taza de menta fresca, en trozos

1 kiwi entero, sin piel

2 bananas, sin piel y en trozos

1 limón entero, sin piel

1 manzana Granny Smith grande, sin centro y en trozos

¼ cucharadita de canela, molida

Preparación:

Lavar la menta bajo agua fría. Colar y trozar. Dejar a un lado.

Pelar el kiwi y limón. Cortar en rodajas finas y dejar a un lado.

Pelar y trozar las bananas. Dejar a un lado.

Lavar y cortar la manzana por la mitad. Remover el centro y trozar. Dejar a un lado.

Combinar la menta, kiwi, bananas, limón y manzana en una juguera, y pulsar. Transferir a un vaso y añadir la canela.

Agregar hielo y servir inmediatamente.

Información nutricional por porción: Kcal: 398, Proteínas: 6.1g, Carbohidratos: 117g, Grasas: 2.1g

55. Jugo de Pepino y Brócoli

Ingredientes:

1 taza de pepino, en rodajas

1 taza de brócoli, en trozos

1 naranja grande, sin piel

1 lima entera, sin piel y por la mitad

2 onzas de agua de coco

¼ cucharadita de jengibre, molido

Preparación:

Lavar y cortar el pepino en rodajas finas. Rellenar un vaso medidor y reservar el resto.

Lavar el brócoli y recortar las hojas externas. Trozar y rellenar un vaso medidor. Reservar el resto en la nevera.

Pelar y dividir la naranja en gajos. Cortar cada gajo por la mitad y dejar a un lado.

Pelar y cortar la lima por la mitad. Dejar a un lado.

Combinar el pepino, brócoli, naranja y lima en una juguera, y pulsar. Transferir a un vaso y añadir el agua de coco y jengibre. Agregar hielo y servir inmediatamente.

Información nutricional por porción: Kcal: 106, Proteínas: 4.8g, Carbohidratos: 33.3g, Grasas: 0.6g

OTROS TITULOS DE ESTE AUTOR

70 recetas De Comidas Efectivas Para Prevenir Y Resolver Sus Problemas De Sobrepeso: Queme Calorías Rápido Usando Dietas Apropiadas y Nutrición Inteligente

Por

Joe Correa CSN

48 recetas De Comidas Para Eliminar El Acné: ¡El Camino Rápido y Natural Para Reparar Sus Problemas de Acné En 10 Días O Menos!

Por

Joe Correa CSN

41 Recetas De Comidas Para Prevenir el Alzheimer: ¡Reduzca El Riesgo de Contraer La Enfermedad de Alzheimer De Forma Natural!

Por

Joe Correa CSN

70 Recetas De Comidas Efectivas Para El Cáncer De Mama: Prevenga Y Combata El Cáncer De Mama Con una Nutrición Inteligente y Alimentos Poderosos

Por

Joe Correa CSN

www.ingramcontent.com/pod-product-compliance
Lightning Source LLC
Chambersburg PA
CBHW052105070526
44584CB00017B/2342